Éloïse et le vent

Maurice Therrien

Illustrations de Leanne Franson

COLLECTION
SAUTE-MOUTON

ÉDITIONS
MICHEL
QUINTIN

Données de catalogage avant publication (Canada)

Therrien, Maurice, 1955-

  Éloïse et le vent

  (Saute-mouton : 10)
  Pour les enfants de 6 ans.

  ISBN 2-89435-147-X

  I. Franson, Leanne.   II. Titre.   III. Collection: Saute-mouton (Waterloo, Québec): 10.

PS8589.H431E47 2000   jC843'.54   C00-941427-4
PS9589.H431E47 2000
PZ23.T43Ela 2000

Révision linguistique: Michèle Gaudreau
Conception graphique: Standish Communications
Infographie: Tecni-Chrome

La publication de cet ouvrage a été réalisée grâce au soutien financier de la SODEC et du Conseil des Arts du Canada. De plus, les Éditions Michel Quintin bénéficient de l'aide financière du gouvernement du Canada par l'entremise du Programme d'aide au développement de l'industrie de l'édition (PADIÉ) pour leurs activités d'édition.

ISBN 2-89435-147-X
Dépôt légal - Bibliothèque nationale du Québec, 2000

© Copyright 2000
Éditions Michel Quintin
C.P. 340, Waterloo (Québec)
Canada J0E 2N0
Tél.:   (450) 539-3774
Téléc.: (450) 539-4905
Courriel: mquintin@sympatico.ca

1 2 3 4 5 6 7 8 9 0 H L N 3 2 1 0
Imprimé au Canada

1

Toc-toc!

Éloïse apprend à jouer du violon. Son violon, elle l'a trouvé l'autre jour dans le grenier de la maison. Il était très vieux et tout poussiéreux. Mais Éloïse a senti qu'il restait encore de la musique dans ses cordes, beaucoup de musique. Elle voulait entendre la musique cachée dans son violon. Elle voulait le

faire chanter. Alors elle a com-
mencé à prendre des leçons.

Son professeur s'appelle monsieur von Stokowski. Tout le monde dit qu'il est très bon violoniste. Il joue même dans un orchestre.

Éloïse le trouve drôle avec sa barbichette au menton. Mais elle le trouve aussi très sévère.

« Recommence ! lui dit-il sans cesse. Tu as bien appris les notes, mais tu joues faux. Ne laisse pas tes doigts glisser sur les cordes, recommence ! Encore ! Écoute le métronome ! »

Éloïse est fatiguée d'écouter le métronome. Son toc-toc lui donne le rythme, c'est vrai, mais qu'il est sombre, qu'il est monotone, ce métronome !

En secret, elle voudrait composer et jouer ses propres mélodies. Éloïse aime beaucoup la musique, mais, parfois, elle est bien découragée.

2

Écoute le vent...

Éloïse descend au bois, derrière chez elle. Elle aime aller rêvasser de temps en temps au milieu des arbres. Ce matin, assise sur une grosse racine, elle réfléchit à ses secrets.

Soudain, elle entend une voix qui murmure :

— Cui-cui ! Écoute le vent...

« D'où vient cette voix ? »
se demande-t-elle.

Il n'y a personne aux alentours. Peut-être quelqu'un s'est-il caché derrière un arbre ? Éloïse cherche. Personne. Elle est vraiment seule dans le bois.

— Écoute le vent...

Éloïse se retourne. Debout sur ses deux petites pattes, droit devant elle, un oiseau rouge la regarde. Bien franchement. Dans les yeux. On dirait qu'il sourit. L'instant d'après, il s'envole doucement en chantant. Alors Éloïse comprend que c'est lui qui a parlé.

Écouter le vent ? Mais pour-
quoi ? Qu'est-ce que ça veut dire ?

Au lieu d'écouter le vent, comme a dit l'oiseau, Éloïse cherche à comprendre. Et puis, fatiguée de chercher, elle se remet à penser à son violon. Elle aimerait tant jouer comme une grande musicienne !

3

Un
admirateur

Le lendemain, Éloïse retourne s'asseoir sur la racine de son arbre préféré. De là elle peut contempler les oiseaux dans le ciel. Il lui semble qu'ils s'amusent là-haut. Ils ont l'air de jouer à cache-cache.

Bientôt, elle aperçoit l'oiseau qui lui a parlé la veille. Il est venu, tout près, se percher sur la vieille clôture. Il regarde Éloïse bien en face et dit :

— As-tu écouté le vent ?

Éloïse fait non de la tête. Et elle ajoute :

— Mes exercices de violon sont plus importants. Je ne suis pas très bonne. Il faut que je travaille fort. Mais ça m'ennuie, j'aimerais mieux jouer ma musique à moi.

— Ah, je comprends, répond l'oiseau. Moi, la musique, ça me connaît, tu sais. Un chant d'oiseau, c'est de la musique pure. Tous les matins, je t'écoute jouer de ton violon. J'aime beaucoup t'entendre, tu as beaucoup de talent, tu connais tous tes morceaux par cœur. Mais personne ne t'a dit

d'écouter le vent. Moi, c'est en écoutant le vent que j'ai appris à chanter.

Soudain une voix s'élève du côté de la maison. C'est la mère d'Éloïse qui l'appelle pour le souper. L'oiseau ami s'envole.

4

Au souper

— Maman, dit Éloïse en entrant dans la cuisine, savais-tu qu'il y a beaucoup d'oiseaux dans le bois?

— Mais oui, ma chérie, répond sa mère. Mais on les remarque seulement quand ils chantent. Autrement, ils sont très discrets et on oublie qu'ils sont là.

— Moi, continue Éloïse, j'aime beaucoup les regarder voler dans les airs.

Puis elle ajoute :

— Maman, les oiseaux... les oiseaux sont-ils tristes aussi quelquefois ?

— Ta belle tête et ton grand cœur sont vraiment pleins de rêveries, n'est-ce pas, ma jolie? Mais ne t'inquiète pas pour les oiseaux, ils sont heureux puisqu'ils rendent les gens heureux.

— Alors, maman, si les oiseaux parlaient, ce serait pour donner de bons conseils, tu crois?

— Ah ça, c'est certain!

Soulagée, Éloïse dessert la table et aide sa mère à faire la vaisselle.

5

L'oiseau de nuit

La journée déjà tire à sa fin. Hop, un brin de toilette et Éloïse enfile sa robe de nuit.

Ensuite, comme à son habitude, elle sort son violon. Il faut qu'elle répète ses gammes et ses arpèges, qu'elle mémorise une nouvelle pièce. Ah que c'est difficile de faire plaisir à monsieur von Stokowski!

Pourtant, Éloïse adore son violon. Elle y fait très attention. Il est devenu un vrai compagnon.

En voyant le soleil prêt à se coucher, la petite fille sait que l'heure est venue de se mettre au lit elle aussi. Elle pose son instrument dans le bel étui capitonné de velours rouge. Puis elle ouvre toute grande la fenêtre pour contempler les dernières lueurs orangées dans le ciel.

La plus grande étoile du monde, la plus chaude, disparaît tranquillement à l'horizon. Elle fait place aux plus petites. Éloïse se plaît à penser que ces petites étoiles illuminent la nuit comme les petites lumières illuminent les sapins à Noël.

— Hou-hou! Écoute le vent!

Encore une voix! Cette fois, c'est celle d'un oiseau beaucoup plus grand. Il s'est perché sur le rebord de la fenêtre.

— Moi, je suis un hibou, dit le visiteur. C'est la nuit que j'écoute le vent. J'aime entendre la nuit, elle est si pleine d'harmonie. C'est la nuit que je chante.

— Mais comment fait-on pour entendre la nuit? demande Éloïse, tout étonnée. C'est impossible!

— Mais non. Écoute, tout sim-
plement, et dis-moi ce que tu
entends.

— J'entends... le bruit des
feuilles. J'entends... le chant
des grillons. J'entends... les

branches des arbres remuées par le vent.

— Eh bien, voilà! Tu entends la nuit. Demain, va voir l'oiseau du jour. Et apporte ton violon.

Sur ces mots, le hibou s'envole. Éloïse ferme la fenêtre et se met au lit. Elle écoute encore, le temps de s'endormir, les sons harmonieux qui ravissent son nouvel ami.

— Hou-hou !

C'est le hibou qui lui dit bonne nuit.

6

L'oiseau du jour

Le lendemain après l'école, son violon à la main, Éloïse s'en va à la rencontre de l'oiseau du jour. Elle le trouve juché sur la clôture, à côté de son coin de rêverie préféré.

— Regarde-moi, dit-il aussitôt.

Et il s'élève très haut dans le ciel. Éloïse l'observe avec envie. Puis elle le voit qui redescend

tout doucement en faisant des cercles et des demi-cercles dans le firmament.

L'oiseau semble peindre des arcs-en-ciel sur le bleu de l'azur. Sa poitrine rouge, ses ailes grandes ouvertes, y dessinent de longues et gracieuses courbes.

Éloïse est radieuse. Quelle chance d'assister à un spectacle si éblouissant!

— Alors, dit l'oiseau en atterrissant sur la clôture, que penses-tu de ma démonstration?

— C'est magnifique, répond
Éloïse, mais moi, je ne suis pas
un oiseau !

— Écoute, reprend l'oiseau, je
vais te confier un secret. C'est
grâce au vent que je réalise mes
fantaisies dans le ciel. C'est

grâce au vent que je puis dessiner dans l'air. Toi, tu es musicienne. Le vent te soufflera de la musique à l'oreille. Il marquera le rythme pour toi. Prends ton violon et ton archet, petite Éloïse, et va dans la prairie.

Éloïse franchit la clôture et fait quelques pas. Elle écoute le vent... Alors le vent porte vers elle des mélodies qu'elle reconnaît. Des mélodies qui étaient longtemps restées cachées au plus profond de son âme.

Le vent lui révèle les émotions qui font battre son cœur. Il sait, le vent, dire aux gens ce qu'ils ont besoin d'entendre.

Mais c'est quand même grâce aux leçons de monsieur von

Stokowski, à son talent à elle et à son travail, qu'Éloïse peut faire parler son coeur sur son instrument.

La petite fille intitule sa première composition *le Menuet*

des oiseaux. C'est une musique heureuse et enjouée. Quand elle va la jouer dans la prairie, entourée de milliers de fleurs exquises, Éloïse est de toutes la plus resplendissante. Alors ses amis les oiseaux viennent danser autour d'elle et dans le ciel.

L'oiseau du jour et l'oiseau de nuit viennent parfois ensemble lui rendre visite. On peut les voir perchés tantôt sur la clôture, tantôt sur une haute branche. Ils chantent à l'unisson.

C'est la brunante… Bientôt l'heure d'aller au lit.

— Cui-cui ! Hou-hou !
— Cui-cui ! Hou-hou !

Table des matières

La collection LE CHAT & LA SOURIS

Achevé d'imprimer
en septembre 2000
sur les presses de
Imprimerie H.L.N.

Imprimé au Canada – Printed in Canada